Brunnen Verlag · Basel und Gießen

Originaltitel: »Rain«
© 1982 by Peter Spier

1. Auflage 1982
2. Auflage 1984

Titelgrafik: Klaus H. Wever
Rückseitentext: Dorothee Degen
© der deutschen Ausgabe
by Brunnen Verlag Basel

Herstellung: Purnell & Sons Ltd.
Paulton/England
Technische Betreuung:
Angus Hudson Ltd., London

ISBN 3-7655-5655-6